DUPPY JAMBOREE

And Other
Jamaican Poems

Valerie Bloom

Illustrations by Michael Charlton

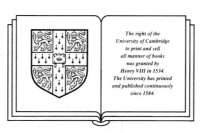

The right of the
University of Cambridge
to print and sell
all manner of books
was granted by
Henry VIII in 1534.
The University has printed
and published continuously
since 1584.

CAMBRIDGE UNIVERSITY PRESS
Cambridge   New York   Port Chester
Melbourne   Sydney

Published by the Press Syndicate of the University of Cambridge
The Pitt Building, Trumpington Street, Cambridge CB2 1RP
40 West 20th Street, New York, NY 10011–4211, USA
10 Stamford Road, Oakleigh, Victoria 3166, Australia

© Cambridge University Press 1992
First published 1992
Printed in Great Britain at the University Press, Cambridge

British Library cataloguing-in-publication data
Bloom, Valerie
    Duppy Jamboree. And Other Jamaican poems.
    1. Poetry in Caribbean dialect. Jamaican writers
    I. Title
    868

Library of Congress cataloging-in-publication data applied for

ISBN 0 521 38041 3 hardback
ISBN 0 521 40909 8 paperback

Cover and text design by Design Section

Contents

Chicken dinner

Mama, don' do it, please
Don' cook that chicken fe dinner,
We know that chicken from she hatch
She is the only one in the batch
That the mangoose didn't catch,
Please don' cook her fe dinner.

Mama, don' do it, please,
Don' cook that chicken fe dinner,
Yuh mean to tell me yuh feget
Yuh promise her to we as a pet?
She not even have a chance fe lay yet
And yuh want fe cook her fe dinner.

Mama, don' do it, please,
Don' cook that chicken fe dinner,
Don' give Henrietta the chop,
I tell yuh what, we could swop
We will get yuh one from the shop
If yuh promise not to cook her fe dinner.

Mama, me really glad yuh know
That yuh never cook Henny fe dinner,
And she really glad too, I bet,
Oh, Lawd, me suddenly feel upset.
Yuh don' suppose is somebody else pet
We eating now fe dinner?

Fruits

Half a pawpaw in the basket
Only one o' we can have it,
Wonder which one that will be?
I have a feeling that is me.

One guinep up in the tree
Hanging down there tempting me,
It don' mek no sense to pick it,
One guinep can't feed a cricket.

Two ripe guava pon the shelf,
I know I hide them there meself,
When night come an' it get dark
Me an' them will have a talk.

Three sweet-sop, well I jus' might
Give one o' them a nice big bite,
Cover up the bite jus' so, sis,
Then no one will ever notice.

Four red apple near me chair,
Who so careless put them there?
Them don' know how me love apple?
Well, thank God fe silly people.

Five jew-plum, I can't believe it!
How they know jew-plum's me fav'rit?
But why they hide them in the cupboard?
Cho, people can be so awkward.

Six naseberry, you want a nibble?
Why baby must always dribble?
Come wipe you mout', it don't mek sense
To broadcast the evidence.

Seven mango! What a find
The smaddy who lef them really kind,
One fe you an' six fe me,
If you want more, climb the tree.

Eight orange fe cousin Clem,
But I have just one problem,
How to get rid o' the eight skin
That the orange them come in.

Nine jackfruit! Not even me
Can finish nine, but let me see,
I don't suppose that they will miss one,
That was hard, but now me done.

Ten banana, mek them stay,
I feeling really full today,
Mek me lie down on me bed, quick,
Lawd, ah feeling really sick.

Tables

Headmaster a come, mek has'e! Sit down!
Jo, mind yuh bruck Jane collar bone.
Tom, tek yuh foot off o' de desk,
Sandra Wallace, mi know yuh vex
But beg yuh get up off o' Joseph head.
Tek de lizard off o' Sue neck, Ted!
Sue, mi dear, don' bawl so loud,
Thomas, why yuh put de toad
Eena Elvira sandwich bag?
Jim, what yuh gwine do wid dat bull-frog?
Tek it off mi chair, yuh mad?
Yuh chair small, May, but it not dat bad
Dat yuh haffe siddung pon de floor!
Jim, don' squeeze de frog unda de door
Put it through de window – no, no, Les!
Mi know yuh hungry, but Mary yeas
Won' fill yuh up, so spit it out.
Now go wash de blood out o' yuh mout'.
Hortense, tek Mary to de nurse.
Nick, tek yuh han outa Mary purse
Ah wonda who tell all o' yuh
Sey dat dis classroom is a zoo?
Quick! Headmaster comin' through de door.
'Two ones are two, two twos are four.'

Sly mangoose

Mangoose creep up by the kitchen
Trying to catch the little chicken,
Him didn't see the mother hen,
Mangoose won't try do that agen.

Don' go ova dere

Barry madda tell im
But Barry wouldn' hear,
Barry fada warn im
But Barry didn' care.
'Don' go ova dere, bwoy,
Don' go ova dere.'

Barry sista beg im
Barry pull her hair,
Barry brother bet im
'You can't go ova dere'.
'I can go ova dere, bwoy,
I can go ova dere.'

Barry get a big bag,
Barry climb de gate,
Barry granny call im
But Barry couldn' wait,
Im wan' get ova dere, bwoy,
Before it get too late.

Barry see de plum tree
Im didn' see de bull,
Barry thinkin' bout de plums
'Gwine get dis big bag full.'
De bull get up an' shake, bwoy,
An' gi' de rope a pull.

De rope slip off de pole
But Barry didn' see,
De bull begin to stretch im foot dem
Barry climb de tree.
Barry start fe eat, bwoy,
Firs' one, den two, den three.

Barry nearly full de bag
An' den im hear a soun',
Barry hole de plum limb tight
An start fe look aroun',
When im see de bull, bwoy,
Im nearly tumble down.

Night a come, de bull naw move
From unda dat plum tree,
Barry madda wondering
Whey Barry coulda be.
Barry getting tired, bwoy,
Of sitting in dat tree.

An' Barry dis realise
Im neva know before,
Sey de tree did full o' black ants
But now im know fe sure,
For some begin fe bite im, bwoy,
Den more, an more, an more.

De bull lay down fe wait it out
An' Barry mek a jump,
De bag o' plum drop out de tree
An Barry hear a thump,
By early de nex' mawnin' bwoy,
Dat bull gwine have a lump.

De plum so frighten dat po' bull
Im start fe run too late,
Im a gallop afta Barry
But Barry jump de gate,
De bull jus' stamp im foot, bwoy,
Im yeye dem full o' hate.

When Barry ketch a im yard,
What a state im in!
Im los' im bag, im clothes mud up
An mud deh pon im chin,
An whey de black ants bite im
Feba bull-frog skin.

Barry fada spank im,
Im madda sey im sin,
Barry sista scold im,
But Barry only grin,
For Barry brother shake im head
An sey, 'Barry, yuh win!'

Sun a-shine, rain a-fall

Sun a-shine an' rain a-fall,
The Devil an' him wife cyan 'gree at all,
The two o' them want one fish-head,
The Devil call him wife bonehead,
She hiss her teeth, call him cock-eye,
Greedy, worthless an' workshy,
While them busy callin' name,
The puss walk in, sey is a shame
To see a nice fish go to was'e,
Lef' with a big grin pon him face.

Ode to twelve chocolate bars

Oh glorious doz
That woz.

Duppy jamboree

'Back to back, belly to belly
Ah don't care at all
For me done dead a'ready.
Back to back, belly to belly
In de duppy jamboree.'

What that noise me hearing
Coming from out o' doah?
Mi get out o' bed, pull back de curtain
An peep out tru de window.

Me rub me yeye an look again,
Can't believe wha me just see,
Twenty-seven duppy dere
Staring back at me!

One o' dem stand up dere
With him head under him arm,
One o' dem is a big ole bull
Like de one pon Granpa farm.

But this one yeye dem full o' fire,
An it have on one big ole chain,
Is a rollin-calf! Me shet me yeye,
Den open dem again

When me hear dem singing.
Me open me yeye wide
Ah think one have a horse head
Growing from him side!

16

De Devil out deh with dem
With him cow-foot an him horn,
Him long tail wrap right roun him wais'
Him pitchfork in him han.

Lawd, him looking up at me!
Him see me! Him a grin!
It look like sey him come
To punish me for all me sin.

Dem comin to de doorway,
Me noh ready yet fe dead!
Me fly into me mama room
An jump into her bed.

Yeye-water runnin dung me face
Till me can hardly see,
'De duppy dem out o' doah, Mama
Doan mek dem come ketch me!'

Mama hold me tight an laugh,
'Noh mek dem frighten you,
Is not a duppy jamboree,
Is just de Jonkunnu.'

Leave dem wasp alone

Leave dem wasp alone, Barry,
Leave dem wasp alone.

One pile o' stone beside Barry,
An over Barry head,
Some wasp dere makin' nest
And Barry want to see them dead.

Leave dem wasp alone, Barry,
Leave dem wasp alone.

Over to the right o' Barry
Is a deep blue pool,
Over to the left o' Barry
Is the infant school.

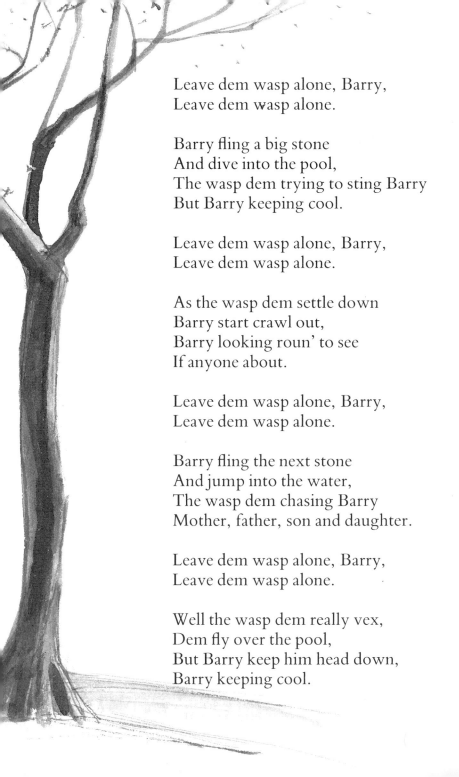

Leave dem wasp alone, Barry,
Leave dem wasp alone.

Barry fling a big stone
And dive into the pool,
The wasp dem trying to sting Barry
But Barry keeping cool.

Leave dem wasp alone, Barry,
Leave dem wasp alone.

As the wasp dem settle down
Barry start crawl out,
Barry looking roun' to see
If anyone about.

Leave dem wasp alone, Barry,
Leave dem wasp alone.

Barry fling the next stone
And jump into the water,
The wasp dem chasing Barry
Mother, father, son and daughter.

Leave dem wasp alone, Barry,
Leave dem wasp alone.

Well the wasp dem really vex,
Dem fly over the pool,
But Barry keep him head down,
Barry keeping cool.

Leave dem wasp alone, Barry,
Leave dem wasp alone.

Barry climb out o' the pool,
As the wasp dem settle dung,
Barry look around
And pick a stone up off the grung.

Leave dem wasp alone, Barry,
Leave dem wasp alone.

Barry fling the next stone
And hop into the pool,
Look like the wasp dem want to learn,
Dem heading for the school.

Leave dem wasp alone, Barry,
Leave dem wasp alone.

Hear the pickney dem a-scream,
Hear the teacher shout,
See the wasp dem wreck the class
Drive everybody out.

Leave dem wasp alone, Barry,
Leave dem wasp alone.

Teacher send home all o' dem,
The pickney them a-cry,
Barry laughing so hard now
That water full him yeye.

Leave dem wasp alone, Barry,
Leave dem wasp alone.

Barry fling the next stone
Him heading fe the pool,
Barry meet the group o' wasp dem
Coming from the school.

Leave dem wasp alone, Barry,
Leave dem wasp alone.

Barry running down the road
The wasp dem backa him,
People think is jogging
Barry jogging to keep trim.

Leave dem wasp alone, Barry,
Leave dem wasp alone.

Watch poor Barry going home,
Whole heap o' coco pon him head,
Watch the wasp dem laughing
As dem fly back home to bed.

Visit to the dentist

What a likkle cry baby!
Look how de bwoy a bawl,
One likkle injection him get,
Him no ha' no shame at all.

Ah bet him older than me, Mama,
But me wouldn' cry so loud,
In fac' me wouldn' cry at all
Especially eena crowd.

An look how people a look pon him,
Me shame fe him yuh see,
Me couldn' show me face again
If that likkle bwoy was me.

Eh eh, but look noh, Mama,
One other one a cry,
An the girl who a come out now
Water full up her yeye.

But feba something really wrong
Else them wouldn' frighten so
Mama, guess what happen,
Me toothache gone, yuh know.

The nurse a call we, Mama,
But a couldn' fe we time a' ready?
'Pickney before big people'
Mek the likkle girl go before me.

She go a'ready? A me one lef?
Nurse, tell the dentist noh fe bother,
Me toothache gone fe good now
Unless him want fe see me mother?

Mama, yuh wouldn' force me
An know how me fraid o' needle too,
No badda carry me een there,
Waia! Smaddy come help me, do!

Waia! Murder! Help! Police!
No mek him touch me, oh!
Me heart not too good, Doctor,
Me will dead from fright yuh know.

Wait, Mama, yuh hear that?
Him cyan do nutten when me gum swell soh,
So me mus tek some aspirin tonight
An come back come see him tomorrow.

This dentist is a nice man,
Him smile so sweet an warm,
What mek them pickney cry-cry soh?
Him wouldn' do them any harm.

Watch that one there still a bawl,
The pickney noh have no shame,
Me woulda never mek so much noise
(Me glad me get 'way today all the same).

Rain a–fall

Rain a–fall, breeze a–blow,
All the washing deh a doah,
Nothing sharp like granny tongue
When breeze blow the wash–line dung.

Up to ten

One, two, three, four,
Eat the dumplin, teck some more,
Five, six, seven, eight,
One more time empty the plate,
Nine, ten, fill up again.

Ten, nine, eight, seven,
Everybody call yuh craven,
Six, five, four, three,
Not one dumplin lef fe me,
Two, one, yuh better run.

Duppy story time

The breeze a-blow cool, the night it dark,
But none o' we no worry,
For we siddung roun' the fire,
An Granny a-tell we duppy story.

Me tell unoo how Mass Joseph bull-cow
Tun eena rolling-calf?
Him lick down Mass Joseph flat a grung,
An den dis start to laugh.

An den the sinting yeye dem
Flash fire like the Devil own,
An po' Mass Joseph couldn' move,
Dis lie down pon the dirt a-moan.

A Parson Walters save him,
Him ben dis a-pass, me dear,
Him dis rebuke the rolling-calf
An the sinting disappear.

Until teday dem no fine the bull-cow,
An Mass Joseph still cyan talk,
An him dis a-stagger bout the place
Like baby dis a-larn fe walk.

Amy did fine one bottle,
Green, with a funny shape,
She notice say it cork tight,
An fasten up with tape.

She pull i', then notice one funny smell
Like dead flesh, rotten bad,
She feel sinting box har roun har head
An from that day the pickney mad.

It noh good fe walk bout a night-time
For nuff duppy deh bout,
Dem look like people, tell yuh how-de-do,
But if yuh open yuh mouth

Dem drag yuh gawn a burying grung,
An yuh can neva help yuhse'f,
Before mawnin light an cock start crow
Not a sign o' yuh no lef'.

Yuh fren an family know something wrong
But dem cyan figure out a what,
Dem wonder how yuh jus' disappear
Dem try fe fine . . . A wha dat?

Come back pickney, a the ripe breadfruit
Dis drop off o' the tree,
Me ha' one nedda story fe tell yuh,
Come back come lissen to me.

But none o' we no hear Granny
We jump eena we bed,
Say we prayers, turn up the lamp
An pull the sheet over we head.

We teeth a-rattle, we knee dem a-tremble
We dying now with fright,
We will never lissen to another duppy story
(Until tomorrow night).

It hard fe lef dat one

Mek sure unoo pick ripe mango,
Lef de green one dem pon de tree,
If dem roll in de culvert, lef dem
For de culvert too dirty,
An unoo will ketch germs an get sick
If unoo eat anything out o' i'.
     Yes, Mama.

Gee, look pon dat big, ripe mango
A hang down ova deh!
We haffe pick dat one man,
A woulda sin fe mek it stay.
But it a-hang ova de culvert,
Yuh wi' haffe help me, Kay.
     Alright then.

Yuh stan' up right unda it
An me will climb de tree,
An when me shake de tree limb
Yuh mek sure yuh ketch i',
Dis one yah a fe Mama
For it soh big an pretty.
     Yuh right.

Wait deh, Roy, no shake yet
For de sun eena me yeye,
Yuh neva hear me say no shake yet?
Yuh can tell dat mango goodbye
For it gawn right eena de culvert.
Oh Lawd, ah coulda cry.
    No badda.

Me a go down deh fe it
    Yuh no hear what Mama say?
    Yuh nuffe eat things outa de culvert
How she a go know it go deh?
A long time me no see such a big mango
An me cyan mek it get whey.
    Yuh sure?

Wash de mango good nuh,
See some soap still roun deh soh,
If she tas'e de soap still pon i'
She wi' know something wrong yuh know,
All de germs mus' dead by now
Ah hope she no get sick doah.
    Me too.

What a pretty mango!
Yuh sure yuh wan' fe gi' me doah?
Yuh sure yuh no want fe tas'e piece?
Unoo can teck a bite, yuh know,
Wait one minute, something wrong?
Wha mek unoo a watch me soh?
    Nutten, Mama.

But a from last week she eat the mango,
That couldn' mek she sick,
    But yuh no know how long germs teck fe work,
    Dem might-a teck one whole week,
    Me nah go back eena dat culvert again,
    Lawd, me knee dem feel soh weak.
Mek we pray.

Glossary

bruck	break
coco	lump or swelling on head or forehead caused by a knock, blow or insect bite
craven	greedy
culvert	large concrete drain running from one side of the road, underneath the surface, and down the other side, to channel rainwater away from the road and prevent the surface washing away, especially during the rainy season
cyan	can't, cannot
dis	just
doah	door; outside
dung	down
duppy	ghost
eena	in, into
fe	for (as in 'don' cook that chicken fe dinner') to (as in 'Barry start fe eat, bwoy')
feba	look (looks, looked) like
fine	find ('did fine' means 'found')
grung	ground
guinep	a small fruit which can be popped into your mouth once you have cracked open the outer shell
gwine	going to
haffe	have to, need to
i'	it
jackfruit	a large, oval fruit. The spiky green skin opens to reveal cream-coloured, chewy pods, each containing a cream-coloured seed. The seeds can also be boiled or roasted, and eaten
jamboree	a fête, celebration or carnival
jonkunnu	at Christmas-time in Jamaica, dancers and musicians put on masks of the characters in folktales, and parade around the streets, dancing and playing music as part of the Christmas celebrations. The masqueraders pretend to threaten onlookers who throw them coins in order to be 'spared'
ketch	reach (reached), arrive (arrived)
lef	leave
lick	hit
limb	branch
nedda	other ('one nedda' means 'another')
noh	not
nuff	many, plenty
nutten	nothing
pickney	child
rolling-calf	a ghost which looks like a bull, with fiery eyes and a big chain around its neck
sey	that (as in 'sey de tree did full o' black ants') say, said (as in 'im madda sey im sin')
siddung	sit, sit down
sinting	thing, something
smaddy	somebody
sweet-sop	a very sweet fruit, which has a rough outside and a white inside with black stones
tun	turn, turned
unoo	plural form of 'you'
whey	where
wid	with
woulda	would be
yah	here
yeas	ear(s)
yeye	eye(s)
yeye-wata	tears